Este libro está dedicado a la voz silenciosa dentro de cada uno de nosotros
que nos mueve a hacer lo correcto.

¿Es mío?

Una historia verdadera en la India

Robert Arnett

Ilustraciones por Smita Turakhia

Atman Press

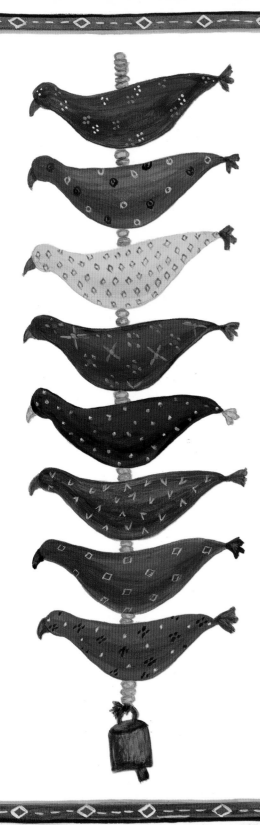

Texto © 2013 por Robert Arnett
Ilustraciones © 2013 por Smita Turakhia

Editores: Smita Turakhia, Doug Glener
Traducción: Olimpia Rodríguez
Mapas: Scott McIntyre

Publicado en los Estados Unidos de América por Atman Press
2104 Cherokee Avenue, Columbus, Georgia 31906-1424
AtmanPress@gmail.com
www.AtmanPress.com

Primera edición en español 2013
¿Es mío? también se publica en inglés bajo el titulo Finders Keepers?
Impreso y encuadernado en Malaysia por Tien Wah Press

Publisher's Cataloging-in-Publication Data

Arnett, Robert, 1942 –

¿Es mío? por Robert Arnett
Ilustraciones por Smita Turakhia

32 p. 28 cm. x 22.5 cm.

Resumen: El texto y las ilustraciones presentan las tradiciones, la vida cotidiana, y los valores de las gentes de la India. Enfatiza valores universales importantes para los niños. Incluye glosario, la pronunciación de las palabras de la India y una actividad manual.

ISBN: 978-0965290005

Library of Congress Control Number: 2012908602

1. India — Descripción y viajes
2. India — Vida social y costumbres
3. Arte — India
4. Religión y cultura — India

Un regalo especial para:

_____

De:

_____

Una bienvenida afectuosa

En la India, para darles la bienvenida a Dios, invitados y visitantes, se cuelga sobre la puerta un *toran* (toh-ran). El *toran* se hace con flores y hojas frescas, y pueden verse por todo el país.

En el estado de Rayastán al noroeste de la India, donde esta historia tiene lugar, los *toran* los hacen de tela y los decoran con bordados de colores brillantes, pedazos de tela, y espejos. Las banderolas que cuelgan del *toran* representan hojas de árboles sagrados.

Este *toran* les da la bienvenida al libro *¿Es mío?*. Según volteen sus páginas, espero que disfruten conmigo de este viaje a la India; país que ha fascinado a sus visitantes por miles de años.

Cuando viajas por los campos de la India, es difícil admirar el paisaje mientras el autobús brinca y brinca cada vez que pasa sobre un bache. ¡Saltas tan alto de tu asiento que casi chocas la cabeza con el techo!

Pero ahí estaba yo, saltando a lo largo del camino hacia el Monte Abu, un pequeño poblado en una montaña en el estado de Rayastán.

Algunos niños y hombres aventureros, al no conseguir asiento en el interior del autobús, viajaban sobre el techo junto al equipaje.

Mientras el autobús continuaba su camino por la carretera serpentina
de la montaña, podía ver un viejo fortín en lo alto de una loma
empinada; sus altas y masivas murallas debieron
haberlo hecho difícil de conquistar.

A través de la historia, las gentes de Rayastán han sido admiradas por su bravura, sentido del honor, su lealtad y su amor a la libertad.

Aun cuando ejércitos
invasores, que eran mucho
más grandes que el suyo,
atacaban las ciudades
de Rayastán,
sus gentes rara vez
se rendían y con frecuencia
peleaban hasta
el último soldado.
Las mujeres de Rayastán
eran igualmente valientes.
Las historias que cuentan
sus actos heroicos
aparecen frecuentemente
dibujadas en las paredes de
casas y palacios.

El autobús estaba repleto de gente con sus pertenencias. La mayoría de las mujeres vestían *saris* de colores brillantes. Muchos de los hombres vestían ropas tradicionales y llevaban turbantes de colores sobre la cabeza. Tenían bigotes que se enrollaban al final de cada lado. El arcoíris de colores de sus ropas daba al interior del autobús un aire festivo.

Me sorprendí cuando un hombre se quitó el turbante y vi sobre su cabeza una bolsa con su almuerzo. Eran varios pedazos de pan aplastado sin levadura, llamados *chapatis* y algunas zanahorias. ¡Yo nunca había visto a nadie utilizar un turbante y la cabeza como fiambrera!

Aunque la mayoría de los pasajeros no se conocían, algunos compartían los alimentos, y otros cargaban a los chiquitines y a los bebés, quizás para darles un descanso a las madres. Los niños estaban felices y contentos al ser entretenidos por desconocidos, ¡incluso por mí!

Rápidamente nos convertimos en una gran familia viajando juntos.

Qué maravilloso es sentir a todos los qu
y que sean tan queridos por ti cor

cabas de conocer como parte de tu familia
a hermano, una hermana o tus padres.

Nos detuvimos en una parada a la orilla de la carretera. Mientras nos bajábamos del autobús, vi a varias personas señalando hacia un árbol. Había muchos murciélagos de gran tamaño colgando cabeza abajo de las ramas del árbol, descansando durante el día. Los inofensivos murciélagos frugívoros, llamados zorras voladoras, parecían efectos especiales de una película de vampiros.

En un ventorrillo cerca de nosotros, había un hombre hirviendo leche con azúcar en un gran caldero sobre una fogata. Compré un vaso de leche caliente, al cual el hombre le puso un poco de crema de la misma leche hervida. Para enfriarla, un niño la vertía de un vaso a otro muy hábilmente. Al probarla, sabía tan deliciosa como un batido. Los bocadillos, amontonados, se veían apetitosos, y compré algunos para el resto del viaje.

A la mañana siguiente en el Monte Abu, hice una excursión en autobús. Fuimos a algunos de los templos más famosos de la religión jaina, muy conocidos por sus tallas en mármol.

En el camino, vi algunas monjas y monjes jainas caminando por la montaña carretera abajo. En una de las manos, llevaban sus fiambreras envueltas en paños de algodón blanco. Mientras que con su otra mano, barrían el suelo delante de ellos para no lastimar a ningún insecto, ni pisar accidentalmente ninguna semilla.

Llevaban sus bocas cubiertas con un pedazo de tela pequeño para evitar tragarse aun al más diminuto insecto que flotara en el aire.

Debido a que ellos creen que todo tiene un alma, son personas muy gentiles y respetuosas, y protegen todas las formas de vida.

También fuimos a un templo hindú que tenía una estatua de Shiva (Shivah) en una pose de danza simbólica. Aunque el hinduismo cree en un solo Dios, le da nombres y formas a las muchas cualidades y funciones de Dios para ayudar a entender mejor Su misterioso poder e inteligencia.

Para los hindúes, Shiva representa el poder de Dios que crea todas las cosas y el mismo que las devuelve a sus orígenes cuando su estadía en el mundo termina.

La última parada de la excursión fue en un templo construido en lo alto de una montaña. Mientras subíamos la senda que nos llevaba al templo, me detuve a comprar unas tarjetas postales.

Al marcharme, sentí que alguien tocaba mi codo. Un jovencito de cabello oscuro estaba detrás de mí.

Para mi sorpresa, vi que tenía mi billetera en su mano extendida. Debió habérseme caído mientras compraba las tarjetas.

Le ofrecí una recompensa al chico por haberme devuelto la billetera, pero no la quiso aceptar. Traté incluso de ponerle algún dinero en la mano, pero escondió sus manos detrás de la espalda. Una vez más, intenté recompensarle por su honestidad, pero se rehusó. No podía entender por qué el chico no aceptaba el dinero.

Un transeúnte se detuvo a mirarnos. Le pregunté si hablaba inglés y le pedí que me ayudara. "Este niño encontró mi billetera y me la devolvió. Por favor, explíquele que deseo recompensarlo por su honestidad."

El hombre se dirigió al joven en su propia lengua. Después de unos minutos, era el joven el que más hablaba; y yo comenzaba a preguntarme si alguno de los dos me habría entendido.

Entonces el hombre se dirigió hacia mí y me dijo, "el niño no entiende por qué usted le quiere dar dinero por devolverle lo que es suyo. La idea de aceptar una recompensa por hacer una buena obra no tiene ningún sentido para él."

Si encuentro algo, ¿es mío? ¡De ninguna manera!

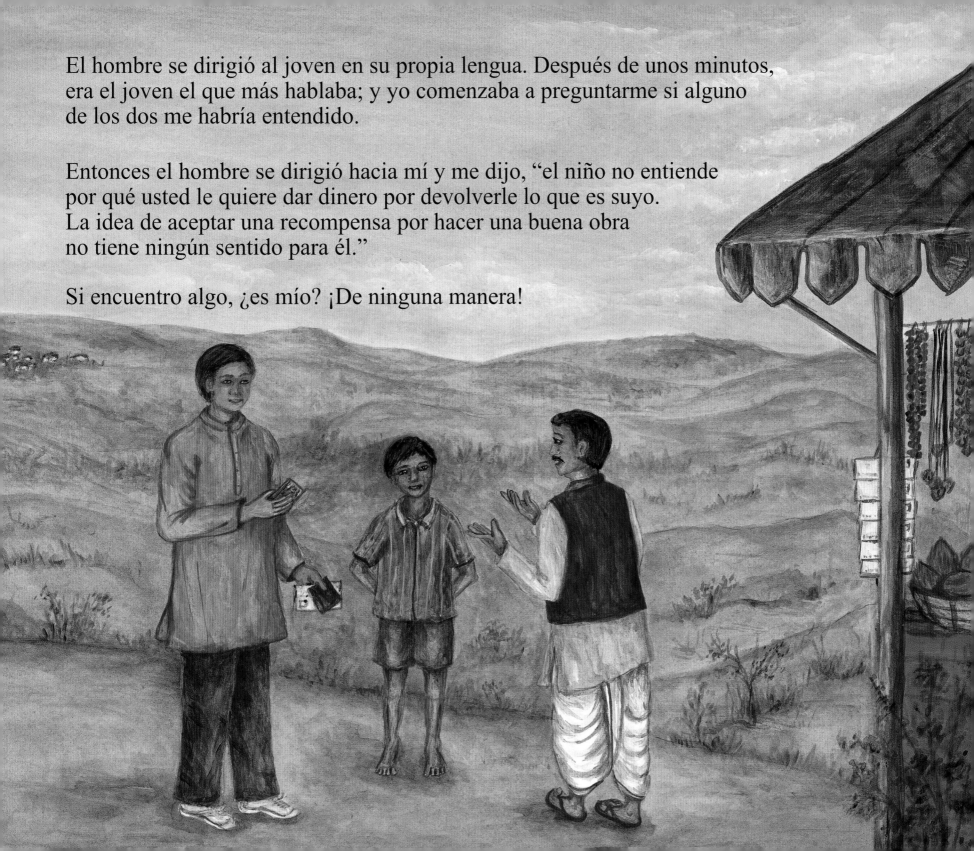

¿Por cuál senda?

Esa noche, pensé en la honestidad del muchacho. Le hubiera tomado muchos años ganarse la cantidad de dinero que había en mi billetera, pero aun así, no cayó en la tentación de quedárselo. Él escuchó a su conciencia.

El diccionario define conciencia como el reconocimiento interno de lo que está bien o está mal en relación a lo que hacemos y porqué lo hacemos. Nos impulsa hacia la acción correcta. Algunas personas creen que nuestra conciencia, o voz interior, es la voz silenciosa de Dios tratando de guiarnos; y si la escuchamos, siempre haremos lo correcto.

Hacer lo correcto bajo cualquier circunstancia es uno de los principios más importantes en la cultura de la India y es una de las formas de explicar su concepto de *dharma* (dhear-mah). Lo cual significa "hacer lo que debes hacer, y no lo que quieres hacer."

El niño sabía que la billetera no le pertenecía, que era de otra persona, por eso nunca consideró quedarse con ella. Él la devolvió porque era lo correcto, lo que debía hacer, no porque esperara conseguir una recompensa. Para él, la recompensa fue saber que lo que había hecho era lo correcto. Y esa es ¡la mejor recompensa!

Llego el momento de decir *namaste* (na-mahs-te). Los indios, en vez de utilizar "hola" y "adiós", se saludan y se despiden diciendo *namaste*.

Mientras pronuncian *namaste*, juntan las palmas de las manos sobre el pecho y bajan ligeramente la cabeza. A esto se le llama *pranam* (preah-nahm), el cual es un gesto de humildad y respeto.

En la lengua antigua del sanscrito, el hacer el pranam o decir *namaste* significa 'el Dios en mí reverencia al Dios en ti' o 'mi alma reverencia tu alma'.

Esto expresa la creencia de que Dios está presente dentro de cada persona, que el color de la piel, la raza o la religión no altera el alma-imagen de Dios en cada uno de nosotros. Y si optamos por creer en esto, ¿cómo podríamos ser desagradables con los demás?

Así, queridos míos, espero que hayan disfrutado de este viaje a la India conmigo.

"*¡Namaste!*"

La vida es un viaje.

Deja que tu voz
interior te guíe.

A todos los que se
crucen en tu camino
trátalos con amor y
bondad.

Y con gallardía,
alcanza las estrellas.

Ejercita tu memoria

chapatis
Pan de la India elaborado con harina de trigo, delgado y aplastado. Es el pan más común y lo sirven en todas las comidas.

dharma (dhear-mah)
En el hinduismo significa hacer lo correcto, no importa las circunstancias.

hinduismo
La religión de la India con más seguidores y una de las más antiguas del mundo.

jaina
Seguidores del jainismo; religión que empezó en la India hace más de 2,500 años.

conciencia
La voz interior en cada uno de nosotros que expresa la verdad; el reconocimiento interior de lo que está bien o mal en nuestra forma de comportarnos.

hindú
Un seguidor del hinduismo. Los hindúes creen en un solo Dios, pero Le dan muchas formas para que Sus cualidades y funciones sean más fáciles de comprender.

humildad
No verse a uno mismo como más importante o mejor que los demás.

namaste (na-mahs-te)
Saludo hindú que se usa en lugar de "hola" y "adiós". Significa 'mi alma reverencia tu alma'.

pranam (preah-nahm)
Costumbre por la que se juntan las manos sobre el pecho y se inclina la cabeza mientras se saluda a alguien diciendo namaste.

sari
Pedazo de tela de dieciocho pies de largo que utilizan las mujeres para vestirse. Se la enrollan sobre la cintura para formar una falda y dejan caer la punta sobre el hombro. Lo usan con una blusa ajustada.

toran (toh-ran)
Un adorno que utilizan en la India para colgar sobre la puerta como señal de bienvenida. Se cree que trae buena suerte.

sánscrito
La lengua religiosa y literaria de la antigua India. El sánscrito es la lengua más antigua que aún sobrevive en el mundo, la cual influyó a muchas de las lenguas modernas de Europa.

Shiva (Shivah)
Deidad hindú que representa el poder de Dios que crea todas las cosas y el mismo que las devuelve a sus orígenes cuando su estadía en el mundo termina.

turbante
Un pedazo de tela enrollado sobre la cabeza a modo de sombrero para hombres.

Alimento para el pensamiento

- ¿Harías algo sólo por complacer a alguien cuando tú voz interior te dice que está mal?

Cuando hacemos lo correcto, nos sentimos tan bien con nosotros mismos que no necesitamos buscar la aprobación de los demás.

- ¿Crees que se te debe pagar por ayudar con los quehaceres del hogar, como limpiar tu habitación o lavar los platos?
- ¿No es parte de tus responsabilidades, como miembro de la familia, ayudar con los quehaceres del hogar?

Las personas alrededor del mundo hacen cosas de muchas maneras diferentes.

- ¿Cuál es tu helado favorito? ¿Conoces a alguien que tenga un helado favorito diferente al tuyo?
- ¿Cuál de los dos sabe mejor? ¿Es posible que su sabor preferido sea tan sabroso para ellos como lo es el tuyo para ti?

No todas las personas piensan igual. Trata de entender su manera de pensar, aunque sea diferente a la tuya.

Para llevarte mejor con los demás, practica viendo las cosas desde el punto de vista de la otra persona, y mantén la mente abierta. Puede que ellos tengan razón también; y tú, pudieras aprender algo nuevo.

¿Sabías qué?

India es una de las civilizaciones más antigua del mundo.

India es la democracia más grande del mundo.

India es el segundo país con el mayor número de personas.

India es el país de mayor diversidad cultural en el mundo. Sus religiones, costumbres, celebraciones, comidas y hasta sus idiomas o lenguas varían grandemente de región a región.

Idiomas:

La constitución de la India reconoce veintidós lenguas o idiomas oficiales.

La India posee más de 1,650 idiomas que son consideradas lenguas maternas, la lengua hablada en el hogar de la persona.

La mayor parte de los estudiantes aprenden tres lenguas en la escuela: inglés, hindi (la lengua nacional de la India) y la lengua que hablen en el estado de donde sean.

Hagamos un *toran* de papel

Materiales:

- Tira de cartulina verde de 6" x 18" o de cualquier otro color brillante
- Cartulina amarilla de 12" x 18" o de cualquier otro color brillante
- Pedazos de tela o papel de colores brillantes
- 8-12 espejitos redondos o piedras de vidrio transparentes
- 25" de cordel o estambre
- goma de pegar blanca
- cinta adhesiva de color rojo
- tijeras
- patrones en esta página

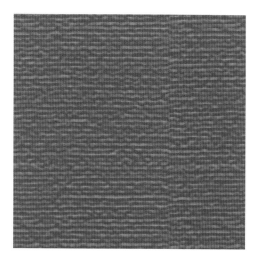

Sigue estos pasos:

1. Corta 4 banderolas de la cartulina amarilla utilizando el patrón.

2. Corta los retazos de tela o papel en pequeños cuadrados y triángulos.

3. Pega los cuadrados, triángulos y piedras de vidrio a las 4 banderolas amarillas para formar un diseño.

4. Repite el paso 3 con la tira de cartulina verde de 6" x 18" de largo.

5. Voltea las 4 banderolas y las tiras de 6" x 18" de la cartulina verde con el diseño hacia abajo. Pega las 4 banderolas amarillas a la parte de abajo de la tira verde. Pega la cuerda horizontalmente a lo largo de la parte de arriba de la tira verde. Déjala secar.

6. Voltea las partes engomadas del paso 5 hacia arriba. Pega la cinta adhesiva de color horizontalmente a lo largo de la tira verde donde se unen las banderolas.

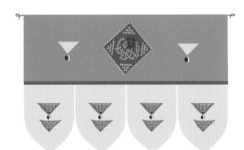

7. Enlaza ambas puntas de la cuerda.

8. Cuelga el *toran* sobre la puerta para darles la bienvenida a tus invitados.

El autor

Robert Arnett, nativo de Columbus, Georgia- E.E.U.U., ha mantenido un ávido interés en la India por más de cuarenta y cinco años. Desde el 1988 hasta el presente, ha visitado la India seis veces, y ha pasado casi dos años viajando por el país y viviendo con familias indias mientras estudiaba arte, cultura y religión.

Él es el autor y fotógrafo del libro *India Unveiled*, aclamado internacionalmente. La fotografía de este catálogo de viaje ilustrado fue premiada con el galardón *Publicación Independiente al Mejor Libro de Viaje del Año* y con el premio *Benjamin Franklin* por el *Mejor Ensayo de Viaje del Año*.

Robert Arnett ha dado conferencias por toda Norte América, incluyendo El Instituto Smithsonian, el Centro John F. Kennedy para las Artes Escénicas, las universidades de Harvard, Yale y Stanford. Fue orador en el Parlamento de Religiónes Mundiales en Cape Town, Sur África. También, ha ofrecido numerosas presentaciones en escuelas, bibliotecas, organizaciones comunitarias, templos e iglesias. Ha sido entrevistado en la radio Nacional Pública, Voces de América, y varios programas televisivos.

Si le interesa una presentación en su ciudad o escuela, por favor, comuníquese directamente con el señor Arnett al 706-323-6377, o vía correo electrónico a AtmanPress@gmail.com. Para más información, por favor, visite www.AtmanPress.com

La ilustradora

Las pinturas en el libro *¿Es mío?* son de la mano y del corazón de Smita Turakhia, ilustradora infantil que pinta mayormente por inspiración y con el deseo de compartir lo mejor de la cultura de la India. Ella disfruta trayendo a la vida la herencia cultural de la India mediante su arte y sus presentaciones. La señora Turakhia se ha presentado como ilustradora principal en el Centro John F. Kennedy para las Artes Escénicas y ha dado presentaciones y talleres de artesanías en El Instituto Smithsonian, en festivales de libros, y en muchas escuelas y bibliotecas.

El portafolio de Smita Turakhia incluye ilustraciones de *The Journey to the Truth*, un DVD premiado, en el cual se representan los mensajes y las metáforas del Bhagavad Gita en el estilo warli del arte folklórico de la India.

Nacida y criada en Mumbai, India, Smita Turakhia, se graduó de Nirmala Niketan en su pueblo natal. También estudió arte en la Universidad de Nuevo Méjico, Albuquerque-E.E.U.U. Actualmente reside con su esposo en Texas, E.E.U.U.
Puede ponerse en contacto con ella en: SmitaTurakhia@gmail.com.

ESTADOS UNIDOS

OCÉANO

ATLÁNTICO